Livre de bord du jardinage

AF101224

Ce livre appartient à :

Le journal de jardinage est un moyen incroyable de suivre vos objectifs de jardinage pour les jardiniers débutants et expérimentés.

Livre de bord du jardinage

Nom	Localisation

Fournisseur	Prix

Classe scientifique

Végétaux	○	Fruits
Herbe	○	Fleur
Arbuste	○	Arbre
Annuelle	○	Biennale
Pérenne	○	Semis

Dates

- Germination
- Plantée
- Récolté

Niveau de lumière

- Soleil
- Soleil partiel
- Ombre
- Autre

A partir de

- Semences
- Plante

Classement

Taille	○○○○○
Couleur	○○○○○
Goûter	○○○○○

Fertilisants et équipements

_____
_____
_____
_____
_____

Besoins en eau

0% moins ▭

Instructions d'entretien

_____
_____
_____
_____

Instruction de plantation

_____
_____
_____
_____

Notes supplémentaires

_____
_____
_____
_____
_____
_____

Livre de bord du jardinage

Nom		Localisation	

Fournisseur		Prix	

Classe scientifique

Végétaux	○	Fruits
Herbe	○	Fleur
Arbuste	○	Arbre
Annuelle	○	Biennale
Pérenne	○	Semis

Dates

- Germination
- Plantée
- Récolté

Niveau de lumière

- Soleil
- Soleil partiel
- Ombre
- Autre

A partir de

- Semences
- Plante

Classement

Taille	○○○○○
Couleur	○○○○○
Goûter	○○○○○

Fertilisants et équipements

_____
_____
_____
_____

Besoins en eau

0%
moins _____

Instructions d'entretien

_____
_____
_____
_____

Instruction de plantation

_____
_____
_____
_____

Notes supplémentaires

_____
_____
_____
_____
_____
_____

Livre de bord du jardinage

Nom	Localisation
Fournisseur	Prix

Classe scientifique

Végétaux ○	Fruits
Herbe ○	Fleur
Arbuste ○	Arbre
Annuelle ○	Biennale
Pérenne ○	Semis

Dates

Germination

Plantée

Récolté

Niveau de lumière

Soleil

Soleil partiel

Ombre

Autre

A partir de

Semences

Plante

Classement

Taille	○○○○○
Couleur	○○○○○
Goûter	○○○○○

Fertilisants et équipements

_____

_____

_____

_____

Besoins en eau

0%
moins [_____]

Instructions d'entretien

_____

_____

_____

Instruction de plantation

_____

_____

_____

Notes supplémentaires

_____

_____

_____

_____

_____

Livre de bord du jardinage

Nom	Localisation

Fournisseur	Prix

Classe scientifique

Végétaux	○	Fruits
Herbe	○	Fleur
Arbuste	○	Arbre
Annuelle	○	Biennale
Pérenne	○	Semis

Dates

Germination

Plantée

Récolté

Niveau de lumière

Soleil

Soleil partiel

Ombre

Autre

A partir de

Semences

Plante

Classement

Taille	○○○○○
Couleur	○○○○○
Goûter	○○○○○

Fertilisants et équipements

_____

_____

_____

_____

_____

Besoins en eau

0% moins ☐

Instructions d'entretien

_____

_____

_____

_____

Instruction de plantation

_____

_____

_____

_____

Notes supplémentaires

_____

_____

_____

_____

_____

_____

Livre de bord du jardinage

Nom	Localisation
Fournisseur	Prix

Classe scientifique

Végétaux	○	Fruits
Herbe	○	Fleur
Arbuste	○	Arbre
Annuelle	○	Biennale
Pérenne	○	Semis

Dates

- Germination
- Plantée
- Récolté

Niveau de lumière

- Soleil
- Soleil partiel
- Ombre
- Autre

A partir de

- Semences
- Plante

Classement

Taille	○○○○○
Couleur	○○○○○
Goûter	○○○○○

Fertilisants et équipements

_____

_____

_____

_____

_____

Besoins en eau

0%
moins

Instructions d'entretien

_____

_____

_____

_____

Instruction de plantation

_____

_____

_____

_____

Notes supplémentaires

_____

_____

_____

_____

_____

_____

Livre de bord du jardinage

Nom		Localisation
Fournisseur		**Prix**

Classe scientifique

Végétaux	○	Fruits
Herbe	○	Fleur
Arbuste	○	Arbre
Annuelle	○	Biennale
Pérenne	○	Semis

Dates

- Germination
- Plantée
- Récolté

Niveau de lumière

- Soleil
- Soleil partiel
- Ombre
- Autre

A partir de

- Semences
- Plante

Classement

Taille	○○○○○
Couleur	○○○○○
Goûter	○○○○○

Fertilisants et équipements

_____

_____

_____

_____

Besoins en eau

0% moins ▭

Instructions d'entretien

_____

_____

_____

Instruction de plantation

_____

_____

_____

Notes supplémentaires

_____

_____

_____

_____

_____

_____

Livre de bord du jardinage

Nom	Localisation
Fournisseur	Prix

Classe scientifique

Végétaux	○	Fruits
Herbe	○	Fleur
Arbuste	○	Arbre
Annuelle	○	Biennale
Pérenne	○	Semis

Dates

- Germination
- Plantée
- Récolté

Niveau de lumière

- Soleil
- Soleil partiel
- Ombre
- Autre

A partir de

- Semences
- Plante

Classement

Taille	○○○○○
Couleur	○○○○○
Goûter	○○○○○

Fertilisants et équipements

_____

_____

_____

_____

_____

Besoins en eau

0%
moins ▭

Instructions d'entretien

_____

_____

_____

_____

Instruction de plantation

_____

_____

_____

_____

Notes supplémentaires

_____

_____

_____

_____

_____

_____

_____

Livre de bord du jardinage

Nom	Localisation
Fournisseur	Prix

Classe scientifique

Végétaux	○	Fruits
Herbe	○	Fleur
Arbuste	○	Arbre
Annuelle	○	Biennale
Pérenne	○	Semis

Dates

- Germination
- Plantée
- Récolté

Niveau de lumière

- Soleil
- Soleil partiel
- Ombre
- Autre

A partir de

- Semences
- Plante

Classement

Taille	○○○○○
Couleur	○○○○○
Goûter	○○○○○

Fertilisants et équipements

_____

_____

_____

_____

Besoins en eau

0%
moins

Instructions d'entretien

_____

_____

_____

Instruction de plantation

_____

_____

_____

Notes supplémentaires

_____

_____

_____

_____

_____

_____

Livre de bord du jardinage

Nom		Localisation

Fournisseur		Prix

Classe scientifique

Végétaux	○	Fruits
Herbe	○	Fleur
Arbuste	○	Arbre
Annuelle	○	Biennale
Pérenne	○	Semis

Dates

- Germination
- Plantée
- Récolté

Niveau de lumière

- Soleil
- Soleil partiel
- Ombre
- Autre

A partir de

- Semences
- Plante

Classement

- Taille ○○○○○
- Couleur ○○○○○
- Goûter ○○○○○

Fertilisants et équipements

_____

_____

_____

_____

_____

Besoins en eau

0%
moins ☐

Instructions d'entretien

_____

_____

_____

_____

Instruction de plantation

_____

_____

_____

_____

Notes supplémentaires

_____

_____

_____

_____

_____

_____

Livre de bord du jardinage

Nom	Localisation

Fournisseur	Prix

Classe scientifique

Végétaux	○	Fruits
Herbe	○	Fleur
Arbuste	○	Arbre
Annuelle	○	Biennale
Pérenne	○	Semis

Dates

- Germination
- Plantée
- Récolté

Niveau de lumière

- Soleil
- Soleil partiel
- Ombre
- Autre

A partir de

- Semences
- Plante

Classement

Taille	○○○○○
Couleur	○○○○○
Goûter	○○○○○

Fertilisants et équipements

_____

_____

_____

_____

_____

Besoins en eau

0%
moins

Instructions d'entretien

_____

_____

_____

_____

Instruction de plantation

_____

_____

_____

_____

Notes supplémentaires

_____

_____

_____

_____

_____

_____

Livre de bord du jardinage

Nom	Localisation

Fournisseur	Prix

Classe scientifique

Végétaux	○	Fruits
Herbe	○	Fleur
Arbuste	○	Arbre
Annuelle	○	Biennale
Pérenne	○	Semis

Dates

- Germination
- Plantée
- Récolté

Niveau de lumière

- Soleil
- Soleil partiel
- Ombre
- Autre

A partir de

- Semences
- Plante

Classement

Taille	○○○○○
Couleur	○○○○○
Goûter	○○○○○

Fertilisants et équipements

_____

_____

_____

_____

_____

Besoins en eau

0%
moins

Instructions d'entretien

_____

_____

_____

_____

Instruction de plantation

_____

_____

_____

_____

Notes supplémentaires

_____

_____

_____

_____

_____

_____

Livre de bord du jardinage

Nom	Localisation

Fournisseur	Prix

Classe scientifique

Végétaux	○	Fruits
Herbe	○	Fleur
Arbuste	○	Arbre
Annuelle	○	Biennale
Pérenne	○	Semis

Dates
- Germination
- Plantée
- Récolté

Niveau de lumière
- Soleil
- Soleil partiel
- Ombre
- Autre

A partir de
- Semences
- Plante

Classement
- Taille   ○○○○○
- Couleur   ○○○○○
- Goûter   ○○○○○

Fertilisants et équipements

_____

_____

_____

_____

_____

Besoins en eau

0%
moins

Instructions d'entretien

_____

_____

_____

Instruction de plantation

_____

_____

_____

_____

Notes supplémentaires

_____

_____

_____

_____

_____

_____

Livre de bord du jardinage

Nom	Localisation
Fournisseur	Prix

Classe scientifique

Végétaux	○	Fruits
Herbe	○	Fleur
Arbuste	○	Arbre
Annuelle	○	Biennale
Pérenne	○	Semis

Dates

Germination

Plantée

Récolté

Niveau de lumière

Soleil

Soleil partiel

Ombre

Autre

A partir de

Semences

Plante

Classement

Taille	○○○○○
Couleur	○○○○○
Goûter	○○○○○

Fertilisants et équipements

_____

_____

_____

_____

Besoins en eau

0% moins

Instructions d'entretien

_____

_____

_____

_____

Instruction de plantation

_____

_____

_____

_____

Notes supplémentaires

_____

_____

_____

_____

_____

_____

Livre de bord du jardinage

Nom	Localisation

Fournisseur	Prix

Classe scientifique

Végétaux	○	Fruits
Herbe	○	Fleur
Arbuste	○	Arbre
Annuelle	○	Biennale
Pérenne	○	Semis

Dates | Niveau de lumière

Germination	Soleil
Plantée	Soleil partiel
	Ombre
Récolté	Autre

A partir de | Classement

Semences	Taille	○○○○○
Plante	Couleur	○○○○○
	Goûter	○○○○○

Fertilisants et équipements

_____

_____

_____

_____

_____

Besoins en eau

0%
moins

Instructions d'entretien

_____

_____

_____

_____

Instruction de plantation

_____

_____

_____

_____

Notes supplémentaires

_____

_____

_____

_____

_____

_____

Livre de bord du jardinage

Nom	Localisation

Fournisseur	Prix

Classe scientifique

Végétaux	○	Fruits
Herbe	○	Fleur
Arbuste	○	Arbre
Annuelle	○	Biennale
Pérenne	○	Semis

Dates

- Germination
- Plantée
- Récolté

Niveau de lumière

- Soleil
- Soleil partiel
- Ombre
- Autre

A partir de

- Semences
- Plante

Classement

- Taille ○○○○○
- Couleur ○○○○○
- Goûter ○○○○○

Fertilisants et équipements

_____

_____

_____

_____

_____

Besoins en eau

0% moins □

Instructions d'entretien

_____

_____

_____

_____

Instruction de plantation

_____

_____

_____

_____

Notes supplémentaires

_____

_____

_____

_____

_____

_____

Livre de bord du jardinage

Nom	Localisation
Fournisseur	Prix

Classe scientifique

Végétaux	○	Fruits
Herbe	○	Fleur
Arbuste	○	Arbre
Annuelle	○	Biennale
Pérenne	○	Semis

Dates

- Germination
- Plantée
- Récolté

Niveau de lumière

- Soleil
- Soleil partiel
- Ombre
- Autre

A partir de

- Semences
- Plante

Classement

Taille	○○○○○
Couleur	○○○○○
Goûter	○○○○○

Fertilisants et équipements

_____

_____

_____

_____

Besoins en eau

0% moins

Instructions d'entretien

_____

_____

_____

_____

Instruction de plantation

_____

_____

_____

_____

Notes supplémentaires

_____

_____

_____

_____

_____

_____

Livre de bord du jardinage

Nom		Localisation	

Fournisseur		Prix	

Classe scientifique

Végétaux	○	Fruits
Herbe	○	Fleur
Arbuste	○	Arbre
Annuelle	○	Biennale
Pérenne	○	Semis

Dates

- Germination
- Plantée
- Récolté

Niveau de lumière

- Soleil
- Soleil partiel
- Ombre
- Autre

A partir de

- Semences
- Plante

Classement

Taille	○○○○○
Couleur	○○○○○
Goûter	○○○○○

Fertilisants et équipements

_____

_____

_____

_____

_____

Besoins en eau

0% moins

Instructions d'entretien

_____

_____

_____

_____

Instruction de plantation

_____

_____

_____

_____

Notes supplémentaires

_____

_____

_____

_____

_____

_____

Livre de bord du jardinage

Nom	Localisation

Fournisseur	Prix

Classe scientifique

Végétaux	○	Fruits
Herbe	○	Fleur
Arbuste	○	Arbre
Annuelle	○	Biennale
Pérenne	○	Semis

Dates

- Germination
- Plantée
- Récolté

Niveau de lumière

- Soleil
- Soleil partiel
- Ombre
- Autre

A partir de

- Semences
- Plante

Classement

Taille	○○○○○
Couleur	○○○○○
Goûter	○○○○○

Fertilisants et équipements

_____

_____

_____

_____

_____

Besoins en eau

0%
moins [_____]

Instructions d'entretien

_____

_____

_____

_____

Instruction de plantation

_____

_____

_____

_____

Notes supplémentaires

_____

_____

_____

_____

_____

_____

Livre de bord du jardinage

Nom	Localisation

Fournisseur	Prix

Classe scientifique

Végétaux	○	Fruits
Herbe	○	Fleur
Arbuste	○	Arbre
Annuelle	○	Biennale
Pérenne	○	Semis

Dates

Germination

Plantée

Récolté

Niveau de lumière

Soleil

Soleil partiel

Ombre

Autre

A partir de

Semences

Plante

Classement

Taille	○○○○○
Couleur	○○○○○
Goûter	○○○○○

Fertilisants et équipements

_____

_____

_____

_____

_____

Besoins en eau

0% moins

Instructions d'entretien

_____

_____

_____

_____

Instruction de plantation

_____

_____

_____

_____

Notes supplémentaires

_____

_____

_____

_____

_____

_____

Livre de bord du jardinage

Nom	Localisation

Fournisseur	Prix

Classe scientifique

Végétaux	○	Fruits
Herbe	○	Fleur
Arbuste	○	Arbre
Annuelle	○	Biennale
Pérenne	○	Semis

Dates

- Germination
- Plantée
- Récolté

Niveau de lumière

- Soleil
- Soleil partiel
- Ombre
- Autre

A partir de

- Semences
- Plante

Classement

Taille	○○○○○
Couleur	○○○○○
Goûter	○○○○○

Fertilisants et équipements

_____

_____

_____

_____

Besoins en eau

0%
moins

Instructions d'entretien

_____

_____

_____

Instruction de plantation

_____

_____

_____

Notes supplémentaires

_____

_____

_____

_____

_____

_____

Livre de bord du jardinage

Nom	Localisation
Fournisseur	Prix

Classe scientifique

Végétaux	○	Fruits
Herbe	○	Fleur
Arbuste	○	Arbre
Annuelle	○	Biennale
Pérenne	○	Semis

Dates

- Germination
- Plantée
- Récolté

Niveau de lumière

- Soleil
- Soleil partiel
- Ombre
- Autre

A partir de

- Semences
- Plante

Classement

- Taille ○○○○○
- Couleur ○○○○○
- Goûter ○○○○○

Fertilisants et équipements

_____

_____

_____

_____

Besoins en eau

0%
moins [_____]

Instructions d'entretien

_____

_____

_____

_____

Instruction de plantation

_____

_____

_____

_____

Notes supplémentaires

_____

_____

_____

_____

_____

_____

Livre de bord du jardinage

Nom	Localisation

Fournisseur	Prix

Classe scientifique

Végétaux	○	Fruits
Herbe	○	Fleur
Arbuste	○	Arbre
Annuelle	○	Biennale
Pérenne	○	Semis

Dates

Germination

Plantée

Récolté

Niveau de lumière

Soleil

Soleil partiel

Ombre

Autre

A partir de

Semences

Plante

Classement

Taille	○○○○○
Couleur	○○○○○
Goûter	○○○○○

Fertilisants et équipements

_____

_____

_____

_____

_____

Besoins en eau

0%
moins

Instructions d'entretien

_____

_____

_____

_____

Instruction de plantation

_____

_____

_____

_____

Notes supplémentaires

_____

_____

_____

_____

_____

_____

Livre de bord du jardinage

Nom	Localisation

Fournisseur	Prix

Classe scientifique

Végétaux	○	Fruits
Herbe	○	Fleur
Arbuste	○	Arbre
Annuelle	○	Biennale
Pérenne	○	Semis

Dates

- Germination
- Plantée
- Récolté

Niveau de lumière

- Soleil
- Soleil partiel
- Ombre
- Autre

A partir de

- Semences
- Plante

Classement

Taille	○○○○○
Couleur	○○○○○
Goûter	○○○○○

Fertilisants et équipements

Besoins en eau

0%
moins

Instructions d'entretien

Instruction de plantation

Notes supplémentaires

Livre de bord du jardinage

Nom	Localisation
Fournisseur	Prix

Classe scientifique

Végétaux	○	Fruits
Herbe	○	Fleur
Arbuste	○	Arbre
Annuelle	○	Biennale
Pérenne	○	Semis

Dates

- Germination
- Plantée
- Récolté

Niveau de lumière

- Soleil
- Soleil partiel
- Ombre
- Autre

A partir de

- Semences
- Plante

Classement

- Taille   ○○○○○
- Couleur   ○○○○○
- Goûter   ○○○○○

Fertilisants et équipements

_____

_____

_____

_____

_____

Besoins en eau

0%
moins ☐

Instructions d'entretien

_____

_____

_____

_____

Instruction de plantation

_____

_____

_____

_____

Notes supplémentaires

_____

_____

_____

_____

_____

_____

Livre de bord du jardinage

Nom	Localisation

Fournisseur	Prix

Classe scientifique

Végétaux	○	Fruits
Herbe	○	Fleur
Arbuste	○	Arbre
Annuelle	○	Biennale
Pérenne	○	Semis

Dates

Germination

Plantée

Récolté

Niveau de lumière

Soleil

Soleil partiel

Ombre

Autre

A partir de

Semences

Plante

Classement

Taille	○○○○○
Couleur	○○○○○
Goûter	○○○○○

Fertilisants et équipements

Besoins en eau

0%
moins

Instructions d'entretien

Instruction de plantation

Notes supplémentaires

Livre de bord du jardinage

Nom	Localisation

Fournisseur	Prix

Classe scientifique

Végétaux	○	Fruits
Herbe	○	Fleur
Arbuste	○	Arbre
Annuelle	○	Biennale
Pérenne	○	Semis

Dates

- Germination
- Plantée
- Récolté

Niveau de lumière

- Soleil
- Soleil partiel
- Ombre
- Autre

A partir de

- Semences
- Plante

Classement

- Taille ○○○○○
- Couleur ○○○○○
- Goûter ○○○○○

Fertilisants et équipements

_____
_____
_____
_____
_____

Besoins en eau

0% moins ▭

Instructions d'entretien

_____
_____
_____
_____

Instruction de plantation

_____
_____
_____
_____

Notes supplémentaires

_____
_____
_____
_____
_____
_____
_____

Livre de bord du jardinage

Nom	Localisation
Fournisseur	Prix

Classe scientifique

Végétaux	○	Fruits
Herbe	○	Fleur
Arbuste	○	Arbre
Annuelle	○	Biennale
Pérenne	○	Semis

Dates

Germination

Plantée

Récolté

A partir de

Semences

Plante

Niveau de lumière

Soleil

Soleil partiel

Ombre

Autre

Classement

Taille	○○○○○
Couleur	○○○○○
Goûter	○○○○○

Fertilisants et équipements

_____

_____

_____

_____

Besoins en eau

0%
moins

Instructions d'entretien

_____

_____

_____

Instruction de plantation

_____

_____

_____

Notes supplémentaires

_____

_____

_____

_____

_____

Livre de bord du jardinage

Nom	Localisation

Fournisseur	Prix

Classe scientifique

Végétaux	○	Fruits
Herbe	○	Fleur
Arbuste	○	Arbre
Annuelle	○	Biennale
Pérenne	○	Semis

Dates

- Germination
- Plantée
- Récolté

Niveau de lumière

- Soleil
- Soleil partiel
- Ombre
- Autre

A partir de

- Semences
- Plante

Classement

Taille	○○○○○
Couleur	○○○○○
Goûter	○○○○○

Fertilisants et équipements

_____

_____

_____

_____

_____

Besoins en eau

0% moins

Instructions d'entretien

_____

_____

_____

_____

Instruction de plantation

_____

_____

_____

_____

Notes supplémentaires

_____

_____

_____

_____

_____

_____

_____

Livre de bord du jardinage

Nom	Localisation
Fournisseur	Prix

Classe scientifique

Végétaux	○	Fruits
Herbe	○	Fleur
Arbuste	○	Arbre
Annuelle	○	Biennale
Pérenne	○	Semis

Dates

- Germination
- Plantée
- Récolté

Niveau de lumière

- Soleil
- Soleil partiel
- Ombre
- Autre

A partir de

- Semences
- Plante

Classement

- Taille ○○○○○
- Couleur ○○○○○
- Goûter ○○○○○

Fertilisants et équipements

Besoins en eau

0%
moins

Instructions d'entretien

Instruction de plantation

Notes supplémentaires

Livre de bord du jardinage

Nom	Localisation
Fournisseur	Prix

Classe scientifique

Végétaux	○	Fruits
Herbe	○	Fleur
Arbuste	○	Arbre
Annuelle	○	Biennale
Pérenne	○	Semis

Dates

- Germination
- Plantée
- Récolté

Niveau de lumière

- Soleil
- Soleil partiel
- Ombre
- Autre

A partir de

- Semences
- Plante

Classement

Taille	○○○○○
Couleur	○○○○○
Goûter	○○○○○

Fertilisants et équipements

_____

_____

_____

_____

_____

Besoins en eau

0%
moins

Instructions d'entretien

_____

_____

_____

_____

Instruction de plantation

_____

_____

_____

_____

Notes supplémentaires

_____

_____

_____

_____

_____

_____

Livre de bord du jardinage

Nom	Localisation
Fournisseur	Prix

Classe scientifique

Végétaux	○	Fruits
Herbe	○	Fleur
Arbuste	○	Arbre
Annuelle	○	Biennale
Pérenne	○	Semis

Dates

- Germination
- Plantée
- Récolté

Niveau de lumière

- Soleil
- Soleil partiel
- Ombre
- Autre

A partir de

- Semences
- Plante

Classement

- Taille ○○○○○
- Couleur ○○○○○
- Goûter ○○○○○

Fertilisants et équipements

_____

_____

_____

_____

_____

Besoins en eau

0%
moins

Instructions d'entretien

_____

_____

_____

_____

Instruction de plantation

_____

_____

_____

_____

Notes supplémentaires

_____

_____

_____

_____

_____

_____

Livre de bord du jardinage

Nom	Localisation

Fournisseur	Prix

Classe scientifique

Végétaux	○	Fruits
Herbe	○	Fleur
Arbuste	○	Arbre
Annuelle	○	Biennale
Pérenne	○	Semis

Dates

- Germination
- Plantée
- Récolté

Niveau de lumière

- Soleil
- Soleil partiel
- Ombre
- Autre

A partir de

- Semences
- Plante

Classement

- Taille ○○○○○
- Couleur ○○○○○
- Goûter ○○○○○

Fertilisants et équipements

_____

_____

_____

_____

Besoins en eau

0% moins [   ]

Instructions d'entretien

_____

_____

_____

_____

Instruction de plantation

_____

_____

_____

_____

Notes supplémentaires

_____

_____

_____

_____

_____

_____

Livre de bord du jardinage

Nom		Localisation	

Fournisseur		Prix	

Classe scientifique

Végétaux	○	Fruits
Herbe	○	Fleur
Arbuste	○	Arbre
Annuelle	○	Biennale
Pérenne	○	Semis

Dates
- Germination
- Plantée
- Récolté

Niveau de lumière
- Soleil
- Soleil partiel
- Ombre
- Autre

A partir de
- Semences
- Plante

Classement
- Taille ○○○○○
- Couleur ○○○○○
- Goûter ○○○○○

Fertilisants et équipements

_____

_____

_____

_____

_____

Besoins en eau

0%
moins

Instructions d'entretien

_____

_____

_____

_____

Instruction de plantation

_____

_____

_____

_____

Notes supplémentaires

_____

_____

_____

_____

_____

_____

Livre de bord du jardinage

Nom	Localisation

Fournisseur	Prix

Classe scientifique

Végétaux	○	Fruits
Herbe	○	Fleur
Arbuste	○	Arbre
Annuelle	○	Biennale
Pérenne	○	Semis

Dates

- Germination
- Plantée
- Récolté

Niveau de lumière

- Soleil
- Soleil partiel
- Ombre
- Autre

A partir de

- Semences
- Plante

Classement

Taille	○○○○○
Couleur	○○○○○
Goûter	○○○○○

Fertilisants et équipements

_____

_____

_____

_____

_____

Besoins en eau

0%
moins

Instructions d'entretien

_____

_____

_____

_____

Instruction de plantation

_____

_____

_____

_____

Notes supplémentaires

_____

_____

_____

_____

_____

_____

Livre de bord du jardinage

Nom	Localisation
Fournisseur	Prix

Classe scientifique

Végétaux	○	Fruits
Herbe	○	Fleur
Arbuste	○	Arbre
Annuelle	○	Biennale
Pérenne	○	Semis

Dates

- Germination
- Plantée
- Récolté

Niveau de lumière

- Soleil
- Soleil partiel
- Ombre
- Autre

A partir de

- Semences
- Plante

Classement

- Taille   ○○○○○
- Couleur   ○○○○○
- Goûter   ○○○○○

Fertilisants et équipements

_____
_____
_____
_____
_____

Besoins en eau

0%
moins [_____]

Instructions d'entretien

_____
_____
_____
_____

Instruction de plantation

_____
_____
_____
_____

Notes supplémentaires

_____
_____
_____
_____
_____
_____

Livre de bord du jardinage

Nom	Localisation
Fournisseur	Prix

Classe scientifique

Végétaux	○	Fruits
Herbe	○	Fleur
Arbuste	○	Arbre
Annuelle	○	Biennale
Pérenne	○	Semis

Dates

- Germination
- Plantée
- Récolté

Niveau de lumière

- Soleil
- Soleil partiel
- Ombre
- Autre

A partir de

- Semences
- Plante

Classement

- Taille ○○○○○
- Couleur ○○○○○
- Goûter ○○○○○

Fertilisants et équipements

_____

_____

_____

_____

_____

Besoins en eau

0%
moins [_____]

Instructions d'entretien

_____

_____

_____

_____

Instruction de plantation

_____

_____

_____

_____

Notes supplémentaires

_____

_____

_____

_____

_____

_____

Livre de bord du jardinage

Nom	Localisation
Fournisseur	Prix

Classe scientifique

Végétaux	○	Fruits
Herbe	○	Fleur
Arbuste	○	Arbre
Annuelle	○	Biennale
Pérenne	○	Semis

Dates

- Germination
- Plantée
- Récolté

Niveau de lumière

- Soleil
- Soleil partiel
- Ombre
- Autre

A partir de

- Semences
- Plante

Classement

Taille	○○○○○
Couleur	○○○○○
Goûter	○○○○○

Fertilisants et équipements

_____

_____

_____

_____

Besoins en eau

0%
moins [_____]

Instructions d'entretien

_____

_____

_____

_____

Instruction de plantation

_____

_____

_____

_____

Notes supplémentaires

_____

_____

_____

_____

_____

_____

Livre de bord du jardinage

Nom	Localisation

Fournisseur	Prix

Classe scientifique

Végétaux	○	Fruits
Herbe	○	Fleur
Arbuste	○	Arbre
Annuelle	○	Biennale
Pérenne	○	Semis

Dates

Germination

Plantée

Récolté

Niveau de lumière

Soleil

Soleil partiel

Ombre

Autre

A partir de

Semences

Plante

Classement

Taille ○○○○○

Couleur ○○○○○

Goûter ○○○○○

Fertilisants et équipements

_____

_____

_____

_____

Besoins en eau

0%
moins

Instructions d'entretien

_____

_____

_____

Instruction de plantation

_____

_____

_____

Notes supplémentaires

_____

_____

_____

_____

_____

_____

Livre de bord du jardinage

Nom	Localisation
Fournisseur	Prix

Classe scientifique

Végétaux	○	Fruits
Herbe	○	Fleur
Arbuste	○	Arbre
Annuelle	○	Biennale
Pérenne	○	Semis

Dates

Germination

Plantée

Récolté

Niveau de lumière

Soleil

Soleil partiel

Ombre

Autre

A partir de

Semences

Plante

Classement

Taille	○○○○○
Couleur	○○○○○
Goûter	○○○○○

Fertilisants et équipements

_____

_____

_____

_____

_____

Besoins en eau

0%
moins [_____]

Instructions d'entretien

_____

_____

_____

_____

Instruction de plantation

_____

_____

_____

_____

Notes supplémentaires

_____

_____

_____

_____

_____

_____

Livre de bord du jardinage

Nom	Localisation

Fournisseur	Prix

Classe scientifique

Végétaux	○	Fruits
Herbe	○	Fleur
Arbuste	○	Arbre
Annuelle	○	Biennale
Pérenne	○	Semis

Dates

- Germination
- Plantée
- Récolté

Niveau de lumière

- Soleil
- Soleil partiel
- Ombre
- Autre

A partir de

- Semences
- Plante

Classement

- Taille ○○○○○
- Couleur ○○○○○
- Goûter ○○○○○

Fertilisants et équipements

_____

_____

_____

_____

Besoins en eau

0%
moins

Instructions d'entretien

_____

_____

_____

_____

Instruction de plantation

_____

_____

_____

_____

Notes supplémentaires

_____

_____

_____

_____

_____

_____

Livre de bord du jardinage

Nom	Localisation
Fournisseur	Prix

Classe scientifique

Végétaux	○	Fruits
Herbe	○	Fleur
Arbuste	○	Arbre
Annuelle	○	Biennale
Pérenne	○	Semis

Dates

- Germination
- Plantée
- Récolté

Niveau de lumière

- Soleil
- Soleil partiel
- Ombre
- Autre

A partir de

- Semences
- Plante

Classement

Taille	○○○○○
Couleur	○○○○○
Goûter	○○○○○

Fertilisants et équipements

_____
_____
_____
_____

Besoins en eau

0%
moins

Instructions d'entretien

_____
_____
_____
_____

Instruction de plantation

_____
_____
_____
_____

Notes supplémentaires

_____
_____
_____
_____
_____
_____

Livre de bord du jardinage

Nom	Localisation

Fournisseur	Prix

Classe scientifique

Végétaux	○	Fruits
Herbe	○	Fleur
Arbuste	○	Arbre
Annuelle	○	Biennale
Pérenne	○	Semis

Dates

- Germination
- Plantée
- Récolté

Niveau de lumière

- Soleil
- Soleil partiel
- Ombre
- Autre

A partir de

- Semences
- Plante

Classement

- Taille ○○○○○
- Couleur ○○○○○
- Goûter ○○○○○

Fertilisants et équipements

Besoins en eau

0%
moins

Instructions d'entretien

Instruction de plantation

Notes supplémentaires

Livre de bord du jardinage

Nom	Localisation
Fournisseur	Prix

Classe scientifique

Végétaux	○	Fruits
Herbe	○	Fleur
Arbuste	○	Arbre
Annuelle	○	Biennale
Pérenne	○	Semis

Dates

- Germination
- Plantée
- Récolté

Niveau de lumière

- Soleil
- Soleil partiel
- Ombre
- Autre

A partir de

- Semences
- Plante

Classement

Taille	○○○○○
Couleur	○○○○○
Goûter	○○○○○

Fertilisants et équipements

_____

_____

_____

_____

Besoins en eau

0% moins

Instructions d'entretien

_____

_____

_____

_____

Instruction de plantation

_____

_____

_____

_____

Notes supplémentaires

_____

_____

_____

_____

_____

_____

Livre de bord du jardinage

Nom	Localisation
Fournisseur	Prix

Classe scientifique

Végétaux	○	Fruits
Herbe	○	Fleur
Arbuste	○	Arbre
Annuelle	○	Biennale
Pérenne	○	Semis

Dates

- Germination
- Plantée
- Récolté

Niveau de lumière

- Soleil
- Soleil partiel
- Ombre
- Autre

A partir de

- Semences
- Plante

Classement

- Taille ○○○○○
- Couleur ○○○○○
- Goûter ○○○○○

Fertilisants et équipements

_____

_____

_____

_____

Besoins en eau

0%
moins

Instructions d'entretien

_____

_____

_____

_____

Instruction de plantation

_____

_____

_____

_____

Notes supplémentaires

_____

_____

_____

_____

_____

_____

Livre de bord du jardinage

Nom	Localisation
Fournisseur	Prix

Classe scientifique

Végétaux	○	Fruits
Herbe	○	Fleur
Arbuste	○	Arbre
Annuelle	○	Biennale
Pérenne	○	Semis

Dates

- Germination
- Plantée
- Récolté

Niveau de lumière

- Soleil
- Soleil partiel
- Ombre
- Autre

A partir de

- Semences
- Plante

Classement

Taille	○○○○○
Couleur	○○○○○
Goûter	○○○○○

Fertilisants et équipements

_____

_____

_____

_____

_____

Besoins en eau

0%
moins

Instructions d'entretien

_____

_____

_____

_____

Instruction de plantation

_____

_____

_____

_____

Notes supplémentaires

_____

_____

_____

_____

_____

_____

Livre de bord du jardinage

Nom	Localisation
Fournisseur	Prix

Classe scientifique

Végétaux	○	Fruits	
Herbe	○	Fleur	
Arbuste	○	Arbre	
Annuelle	○	Biennale	
Pérenne	○	Semis	

Dates

- Germination
- Plantée
- Récolté

Niveau de lumière

- Soleil
- Soleil partiel
- Ombre
- Autre

A partir de

- Semences
- Plante

Classement

Taille	○○○○○
Couleur	○○○○○
Goûter	○○○○○

Fertilisants et équipements

_____

_____

_____

_____

_____

Besoins en eau

0% moins

Instructions d'entretien

_____

_____

_____

_____

Instruction de plantation

_____

_____

_____

_____

Notes supplémentaires

_____

_____

_____

_____

_____

_____

Livre de bord du jardinage

Nom	Localisation

Fournisseur	Prix

Classe scientifique

Végétaux	○	Fruits
Herbe	○	Fleur
Arbuste	○	Arbre
Annuelle	○	Biennale
Pérenne	○	Semis

Dates

- Germination
- Plantée
- Récolté

Niveau de lumière

- Soleil
- Soleil partiel
- Ombre
- Autre

A partir de

- Semences
- Plante

Classement

Taille	○○○○○
Couleur	○○○○○
Goûter	○○○○○

Fertilisants et équipements

_____

_____

_____

_____

_____

Besoins en eau

0%
moins ☐

Instructions d'entretien

_____

_____

_____

_____

Instruction de plantation

_____

_____

_____

_____

Notes supplémentaires

_____
_____
_____
_____
_____
_____

Livre de bord du jardinage

Nom	Localisation

Fournisseur	Prix

Classe scientifique

Végétaux	○	Fruits
Herbe	○	Fleur
Arbuste	○	Arbre
Annuelle	○	Biennale
Pérenne	○	Semis

Dates

- Germination
- Plantée
- Récolté

Niveau de lumière

- Soleil
- Soleil partiel
- Ombre
- Autre

A partir de

- Semences
- Plante

Classement

Taille	○○○○○
Couleur	○○○○○
Goûter	○○○○○

Fertilisants et équipements

_____

_____

_____

_____

_____

Besoins en eau

0% moins ▭

Instructions d'entretien

_____

_____

_____

_____

Instruction de plantation

_____

_____

_____

_____

Notes supplémentaires

_____

_____

_____

_____

_____

_____

Livre de bord du jardinage

Nom	Localisation

Fournisseur	Prix

Classe scientifique

Végétaux	○	Fruits
Herbe	○	Fleur
Arbuste	○	Arbre
Annuelle	○	Biennale
Pérenne	○	Semis

Dates

		Niveau de lumière	
Germination		Soleil	
Plantée		Soleil partiel	
Récolté		Ombre	
		Autre	

A partir de

	Classement	
Semences	Taille	○○○○○
Plante	Couleur	○○○○○
	Goûter	○○○○○

Fertilisants et équipements

_____

_____

_____

_____

_____

Besoins en eau

0% moins

Instructions d'entretien

_____

_____

_____

_____

Instruction de plantation

_____

_____

_____

_____

Notes supplémentaires

_____

_____

_____

_____

_____

_____

Livre de bord du jardinage

Nom	Localisation
Fournisseur	Prix

Classe scientifique

Végétaux	○	Fruits
Herbe	○	Fleur
Arbuste	○	Arbre
Annuelle	○	Biennale
Pérenne	○	Semis

Dates

- Germination
- Plantée
- Récolté

Niveau de lumière

- Soleil
- Soleil partiel
- Ombre
- Autre

A partir de

- Semences
- Plante

Classement

- Taille ○○○○○
- Couleur ○○○○○
- Goûter ○○○○○

Fertilisants et équipements

_____

_____

_____

_____

Besoins en eau

0% moins

Instructions d'entretien

_____

_____

_____

_____

Instruction de plantation

_____

_____

_____

_____

Notes supplémentaires

_____

_____

_____

_____

_____

_____

Livre de bord du jardinage

Nom	Localisation

Fournisseur	Prix

Classe scientifique

Végétaux	○	Fruits
Herbe	○	Fleur
Arbuste	○	Arbre
Annuelle	○	Biennale
Pérenne	○	Semis

Dates

- Germination
- Plantée
- Récolté

Niveau de lumière

- Soleil
- Soleil partiel
- Ombre
- Autre

A partir de

- Semences
- Plante

Classement

Taille	○○○○○
Couleur	○○○○○
Goûter	○○○○○

Fertilisants et équipements

_____

_____

_____

_____

_____

Besoins en eau

0%
moins

Instructions d'entretien

_____

_____

_____

_____

Instruction de plantation

_____

_____

_____

_____

Notes supplémentaires

_____

_____

_____

_____

_____

_____

Livre de bord du jardinage

Nom	Localisation
Fournisseur	Prix

Classe scientifique

Végétaux	○	Fruits
Herbe	○	Fleur
Arbuste	○	Arbre
Annuelle	○	Biennale
Pérenne	○	Semis

Dates | Niveau de lumière

Dates		Niveau de lumière
Germination		Soleil
Plantée		Soleil partiel
Récolté		Ombre
		Autre

A partir de | Classement

A partir de	Classement	
Semences	Taille	○○○○○
Plante	Couleur	○○○○○
	Goûter	○○○○○

Fertilisants et équipements

_____

_____

_____

_____

_____

Besoins en eau

0% moins

Instructions d'entretien

_____

_____

_____

_____

Instruction de plantation

_____

_____

_____

_____

Notes supplémentaires

_____

_____

_____

_____

_____

_____

_____

Livre de bord du jardinage

Nom	Localisation
Fournisseur	Prix

Classe scientifique

Végétaux	○	Fruits
Herbe	○	Fleur
Arbuste	○	Arbre
Annuelle	○	Biennale
Pérenne	○	Semis

Dates

- Germination
- Plantée
- Récolté

Niveau de lumière

- Soleil
- Soleil partiel
- Ombre
- Autre

A partir de

- Semences
- Plante

Classement

Taille	○○○○○
Couleur	○○○○○
Goûter	○○○○○

Fertilisants et équipements

_____

_____

_____

_____

_____

Besoins en eau

0%
moins [_____]

Instructions d'entretien

_____

_____

_____

_____

Instruction de plantation

_____

_____

_____

_____

Notes supplémentaires

_____

_____

_____

_____

_____

_____

Livre de bord du jardinage

Nom	Localisation
Fournisseur	Prix

Classe scientifique

Végétaux	○	Fruits
Herbe	○	Fleur
Arbuste	○	Arbre
Annuelle	○	Biennale
Pérenne	○	Semis

Dates

Germination

Plantée

Récolté

A partir de

Semences

Plante

Niveau de lumière

Soleil

Soleil partiel

Ombre

Autre

Classement

Taille	○○○○○
Couleur	○○○○○
Goûter	○○○○○

Fertilisants et équipements

_____

_____

_____

_____

_____

Besoins en eau

0% moins ☐

Instructions d'entretien

_____

_____

_____

_____

Instruction de plantation

_____

_____

_____

_____

Notes supplémentaires

_____

_____

_____

_____

_____

_____

Livre de bord du jardinage

Nom	Localisation

Fournisseur	Prix

Classe scientifique

Végétaux	○	Fruits
Herbe	○	Fleur
Arbuste	○	Arbre
Annuelle	○	Biennale
Pérenne	○	Semis

Dates

- Germination
- Plantée
- Récolté

Niveau de lumière

- Soleil
- Soleil partiel
- Ombre
- Autre

A partir de

- Semences
- Plante

Classement

- Taille ○○○○○
- Couleur ○○○○○
- Goûter ○○○○○

Fertilisants et équipements

_____

_____

_____

_____

_____

Besoins en eau

0% moins

Instructions d'entretien

_____

_____

_____

_____

Instruction de plantation

_____

_____

_____

_____

Notes supplémentaires

_____

_____

_____

_____

_____

_____

_____

Livre de bord du jardinage

Nom		Localisation	
Fournisseur		**Prix**	

Classe scientifique

Végétaux	○	Fruits	
Herbe	○	Fleur	
Arbuste	○	Arbre	
Annuelle	○	Biennale	
Pérenne	○	Semis	

Dates

- Germination
- Plantée
- Récolté

Niveau de lumière

- Soleil
- Soleil partiel
- Ombre
- Autre

A partir de

- Semences
- Plante

Classement

Taille	○○○○○
Couleur	○○○○○
Goûter	○○○○○

Fertilisants et équipements

_____

_____

_____

_____

Besoins en eau

0% moins ☐

Instructions d'entretien

_____

_____

_____

Instruction de plantation

_____

_____

_____

Notes supplémentaires

_____

_____

_____

_____

_____

_____

Livre de bord du jardinage

Nom	Localisation

Fournisseur	Prix

Classe scientifique

Végétaux	○	Fruits
Herbe	○	Fleur
Arbuste	○	Arbre
Annuelle	○	Biennale
Pérenne	○	Semis

Dates

- Germination
- Plantée
- Récolté

Niveau de lumière

- Soleil
- Soleil partiel
- Ombre
- Autre

A partir de

- Semences
- Plante

Classement

Taille	○○○○○
Couleur	○○○○○
Goûter	○○○○○

Fertilisants et équipements

_____

_____

_____

_____

_____

Besoins en eau

0%
moins

Instructions d'entretien

_____

_____

_____

_____

Instruction de plantation

_____

_____

_____

_____

Notes supplémentaires

_____

_____

_____

_____

_____

_____

Livre de bord du jardinage

Nom	Localisation

Fournisseur	Prix

Classe scientifique

Végétaux	○	Fruits	
Herbe	○	Fleur	
Arbuste	○	Arbre	
Annuelle	○	Biennale	
Pérenne	○	Semis	

Dates

- Germination
- Plantée
- Récolté

Niveau de lumière

- Soleil
- Soleil partiel
- Ombre
- Autre

A partir de

- Semences
- Plante

Classement

- Taille   ○○○○○
- Couleur ○○○○○
- Goûter   ○○○○○

Fertilisants et équipements

_____
_____
_____
_____

Besoins en eau

0% moins ☐

Instructions d'entretien

_____
_____
_____

Instruction de plantation

_____
_____
_____

Notes supplémentaires

_____
_____
_____
_____
_____
_____

Livre de bord du jardinage

Nom	Localisation

Fournisseur	Prix

Classe scientifique

Végétaux	○	Fruits
Herbe	○	Fleur
Arbuste	○	Arbre
Annuelle	○	Biennale
Pérenne	○	Semis

Dates

- Germination
- Plantée
- Récolté

Niveau de lumière

- Soleil
- Soleil partiel
- Ombre
- Autre

A partir de

- Semences
- Plante

Classement

Taille	○○○○○
Couleur	○○○○○
Goûter	○○○○○

Fertilisants et équipements

_____
_____
_____
_____
_____

Besoins en eau

0%
moins [   ]

Instructions d'entretien

_____
_____
_____
_____

Instruction de plantation

_____
_____
_____
_____

Notes supplémentaires

_____
_____
_____
_____
_____
_____
_____

www.ingramcontent.com/pod-product-compliance
Lightning Source LLC
LaVergne TN
LVHW012119070526
838202LV00056B/5791